AF377315

LES FAUBOURGS DE PARIS

LES FAUBOURGS DE PARIS

PAR

EUGÈNE VILLEDIEU

ANCIEN SOUS-PRÉFET DE LA RÉPUBLIQUE

PARIS

E. LACHAUD, ÉDITEUR

4, place du Théâtre-Français.

—

1871.

—

LES FAUBOURGS DE PARIS

I

Peuple de France, non des faubourgs sanglants ; peuple, citoyen de la République, non de la Destruction, la rage des incendiaires n'a pas désarmé. Ils sont là ; ils attendent l'heure où, s'agitant dans l'ombre, ils sortiront une torche à la main.

Peuple de la vraie liberté, entends ce rugissement qui vient du théâtre du crime et qui gronde dans le dernier scrutin. La haine a jeté son rugissement sourd. C'est elle : ne t'y trompe pas. Bientôt tu pourras mieux l'entendre ; elle va rugir de plus près.

Les hommes de la révolte n'oublient pas et ils ne perdent rien. Ils ne laissent pas échapper leur vengeance, pas plus que l'avare ne lâche son trésor. Dans leur cœur, ils ont amassé la haine ; elle défie tous les amours, elle brave tous les dévouements.

La haine a aperçu là des hommes qu'elle avait vus déjà. Elle leur a dit : « Je vous connais ; faites mon œuvre : vous aurez le succès. »

Là même où l'audace de la *Commune* avait accompli ses plus sombres méfaits, la haine vient de clouer ces hommes au pilori de son triomphe.

Le premier d'entre eux, c'est un commissionnaire pour les peaux de chevreau.

Un penseur profond, un démocrate austère, l'homme qui écrivait les immortelles pages de l'*Introduction à l'étude des Sciences* et du *Traité de philosophie*, Buchez, un savant celui-là, l'un des premiers de tous les temps, apostrophait un jour, devant nous, un jeune orgueilleux qui insultait le Christ : « Jeune homme ! s'écria l'ex-constituant, devant ce nom, je m'incline jusqu'à terre ! » Et Buchez s'inclina profondément. Le jeune homme frémit silencieux, à ces mots émus du penseur.

Il avait vingt ans, ce présomptueux. Mais le commissionnaire pour les peaux de chevreau n'a pas l'excuse de ses vingt ans. Cet homme n'a pas fait le premier pas dans le sanctuaire de la science ; et il ose sourire, lui, bourgeois épais, de ce qui fut l'adoration des plus grands investigateurs de l'idée. Au nom de l'ignorance, il a le droit de bafouer le Verbe ; au nom de l'égoïsme, il a le droit de rire du plus sublime amour. Qu'il le garde ce droit, s'il y tient ; mais que, par l'abus du pouvoir, il ne s'avise point d'imposer dictatorialement son grossier athéisme, en le masquant

du mot de liberté! Cette liberté de la barbarie
révolutionnaire, la France vient de la voir à
l'essai, et cela lui suffit.

Ce bafoueur du Christ, tyranneau d'un arrondissement, il s'appelle M. Mottu.

M. Mottu, qu'est-il? Ce monsieur est un par-
venu, un buveur de la cave Frontin, un type de
l'arrogance « démocratique, » devant qui le bon
Dieu ne tiendra pas.

Une fois bien en selle, grâce aux peaux de
chevreau et à la banque; une fois posé en « démocratie, » dans le milieu des libateurs de la
maison Frontin, ce monsieur s'est dit tout simplement : Je vais en finir avec le bon Dieu.

Et le voilà parti, abattant les crucifix dans les
écoles; faisant sa chose personnelle de pour-
chasser le Christ; insultant à des milliers de ca-
tholiques, avec une rare impertinence d'athée
« libre-penseur; » prenant ses ravages pour
l'apostolat de la science, son ineptie pour la raison même, son despotisme de fantoche insolent
pour le progrès et pour la liberté!

Son influence de citoyen, son autorité munici-
pale, à quoi les emploie-t-il? A manquer au
devoir de l'honnête homme, en faisant publique
dérision de la foi de ses concitoyens; à trans-
gresser son devoir de magistrat, en se rendant
coupable d'un acte d'illégalité grossière, consti-
tuant un délit qu'a prévu et que punit la loi;

enfin, — et soi-disant pour essayer d'une théorie qu'il n'a jamais appartenu ni à ce maire ni à ce marchand de décréter et d'appliquer, — à lancer la multitude d'une grande cité dans cette voie de la pire sottise humaine, dans cette voie du violent athéisme qui ne devait pas tarder d'aboutir, dans Paris, au délire le plus vertigineux de l'incendie et de l'assassinat !

Avec de pareils titres à présenter à la patrie et à l'ordre public, — tout capitaliste et tout « libre-penseur » que l'on soit, on est triple ouvrier de ténèbres, de ces ténèbres qui tuent les nations après les avoir vouées aux derniers forfaits. Mais on est aussi triplement encensé ; on est trois fois populaire, trois fois acclamé dans ces bas-fonds de lumière sinistre qu'on appelle les faubourgs de Paris.

Elle sait, la plèbe de ces faubourgs, que le commissionnaire en peaux de chevreau a chassé le crucifix de l'école ; qu'il a donné au Christ un brutal congé ; que du droit d'une écharpe révolutionnaire, il s'est permis de souffleter les convictions d'un peuple chrétien. Elle sait que ce vulgaire marchand a osé jeter à dix-huit siècles le démenti de l'ignorance athée ; qu'il a traité de haut « la superstition » des maîtres de la science des grandes époques de l'humanité, « la superstition » de ces penseurs géants auprès desquels lui, pygmée, disparaît.

Elle n'ignore pas que cet enrichi par les peaux de chevreau et la banque a jeté bas l'image du Dieu martyr, ce divin consolateur de la souffrance, en qui le malheur n'espère pas en vain.

Elle sait, cette tourbe enivrée de haine, que le spéculateur a refusé au Dieu du sacrifice le droit de cité dans ce Paris où la scélératesse s'apprêtait déjà à promener ses dévastations ; dans ce Paris où la destruction se préparait à saisir, par cent mille, les forcenés, les égarés ; à les jeter, âpres sectaires, sous les forts, sous les murs, sous les mitrailleuses, sous les canons ; à les précipiter aux barricades, aux égorgements, aux incendies, aux dernières démences du crime, aux inexorables répressions de la loi, rendue terrible dans sa justice par la levée des monstres d'une effrayante civilisation !

Elle se souvient, cette plèbe athée, que c'est à la veille d'un débordement de malheurs babyloniens, que ce satisfait de la richesse a dit au peuple même que le coupable délire marquait déjà pour l'extermination : « Peuple ! voue le Christ au mépris et raille ce Dieu de la douleur. On n'en a que faire parmi nous ! »

Elle sait cela, la plèbe subversive ; elle a entendu ces appels impies ; elle s'en souvient. Qu'a-t-elle tenu à leur répondre ? Le voici.

Par son vote, elle vient de dire au marchand qui a joué, devant elle, un jeu sinistre de despotisme et d'impiété :

« Tu as achevé de nous ôter l'espoir d'en haut, à nous les abreuvés du malheur. Tu as ri du ciel divin devant nous, — devant nous, dont les frères viennent d'être broyés dans la géhenne de l'enfer d'ici-bas ! Tes impiétés ont mis le fusil et la torche dans la main de ces frères, devenus la pâture du canon ! Tes impiétés en ont fait des sicaires ; elles les ont jetés dans le gouffre d'extermination d'où l'on ne revient pas !

» Marchand ! c'est là ton œuvre ; merci ! Oui, tu as le remerciement de la haine ; de la haine mutilée, brisée ; de la haine qui a incendié hier et qui compte incendier demain ! C'est la haine que tu as servie ; c'est la haine qui te crie : bravo ! »

Et ce cri forcené a retenti, à Paris, dans de populeux arrondissements.

Oui, plèbe, c'est cela. Le Christ secourt ton infortune, par ses croyants et ses bienfaits infinis. Seul, il ferait la liberté de ton âme, dans lui, la Vérité ; seul, il affranchirait, dans son amour, ce monde social. La Vérité, l'amour vivant, c'est lui. Mais préfère-lui le mensonge et la haine ; préfère-lui ce marchand imposteur.

Le Christ seul a pour l'humanité, — si l'humanité veut en être digne, — le monde de la fraternité rayonnante et de la véritable liberté, quand les délires de ce marchand préparent des cataclysmes sans nom.

Eh bien ! devant ce monde social sublime, où

t'appelle le Christ, réponds résolûment : « Je choisis la haine et la destruction! »

Voilà où nous en sommes, grâce à des célébrités de faubourg, avec lesquelles on s'étonne qu'il faille compter.

Qu'avez-vous fait, Monsieur Mottu, comme maire d'un arrondissement? Le peuple, dont vous profanez le nom, le peuple de France, et non de la démagogie de Charonne ou de Belleville, va vous le demander.

Vous avez foulé aux pieds la loi de l'Enseignement, en même temps que vous abattiez illégalement des crucifix; et vous avez triomphalement déplacé la statue du « prussien » Voltaire, — du square Monge à votre 11e arrondissement, là où la Roquette a déroulé son drame. Voilà les deux genres de faits qui ont marqué votre passage à la municipalité.

Eh bien! pour les premiers de ces faits, nous réclamons que la loi vous demande raison de ces actes qui ont été abus de pouvoir, violation de la liberté de conscience, insulte par un magistrat à la foi et au culte des citoyens, substitution du caprice et de l'arbitraire à ce qu'a établi l'ordre public; de ces actes qui constituent un délit qu'elle ne laisserait pas commettre impunément par le moindre citoyen et qu'elle ne laissera pas impunis chez un magistrat de la République.

Nous pensons, et, nous n'en doutons point, la France pense aussi que c'est par un verdict de justice, et non par des lauriers civiques, que doivent être récompensées enfin ces polissonneries politiques qui, au nom des audaces de l'athéisme destructeur, ont fait d'une magistrature l'instrument de leur tyrannie. Nous pensons, et beaucoup penseront avec nous, que la loi doit se montrer d'autant plus sévère pour ces scandaleuses illégalités, qu'elles constituent les premiers anneaux de cette chaîne d'effrayants méfaits qui s'est déroulée dans Paris, depuis dix mois.

Quant à la statue de Voltaire, nous demandons que votre patriarche, celui du *Siècle*, celui de vos révolutionnaires électeurs, soit mis à la place même que lui a faite la Révolution. Nous demandons qu'il soit mis au plus tôt à sa place légitime, auprès des décombres de l'Hôtel-de-Ville.

Ces éloquentes ruines et l'homme destructeur se parleront.

Et vous, Gouvernement de la République, vous, législateurs, dites-vous bien ceci :

Il y a dans Paris environ cent mille électeurs, représentant trois à quatre cent mille âmes, qui préfèrent à tout la haine et pour qui, vous, Gouvernement, vous, législateurs, *vous êtes hors la loi*.

Cela, ne l'oubliez jamais, par quelque illusion de « libéralisme » que la France pourrait payer trop cher.

II

Le second de ces triomphateurs des faubourgs de Paris, c'est le restaurateur Bonvalet.

Le maître d'hôtel Bonvalet, qu'a-t-il fait pour le peuple de Paris? Lui a-t-il apporté une idée? Lui a-t-il donné un dévouement?

Entre deux additions de restaurant, entre deux recommandations au chef de cuisine, il a commencé, lui aussi, par déblatérer « démocratiquement » contre les abbés et les capucins; et puis, comme maire, il les a libéralement désignés à l'animadversion populaire.

Le plus obscur des frères ignorantins qui, bravant mille morts, a été recueillir nos soldats blessés, nos morts, nos mourants, sous les boulets prussiens, à Champigny, au Bourget, à Buzenval, a fait cent fois plus pour le peuple que le restaurateur Bonvalet.

Le généreux abbé Allard qui a prodigué aux ambulances son évangélique dévouement; ces victimes qu'ont sacrifiées avec lui, dans un préau de la Roquette, les amis des électeurs de Bonvalet, sinon même certains d'entre eux; ces Dominicains que des sicaires du mal ont, avec toute la lâcheté du crime, fait tomber à la barrière d'Italie, comme récompense de leur zèle à secourir les enfants du peuple; ces admirables militaires, coupables d'attachement à la patrie et à l'honneur, tous ceux-là ont fait mille fois plus pour le peuple qne le restaurateur Bonvalet.

Pourquoi donc les faubourgs ont-ils conspué ceux-ci, fusillé ceux-là, et nommé Bonvalet? C'est que, pour eux, les uns représentent le devoir et que Bonvalet représente la haine. C'est là ce qui a déterminé ces « citoyens. » — « La haine? nous la voulons. La vertu? nous la repoussons. La haine, la haine, avant tout! » C'est le cri de rage de ces malfaiteurs.

O sublime peuple que celui de la haine en délire! Pour lui, les marchands de peaux de chevreau et les restaurateurs en renom sont les représentants de la science politique, les hommes des grandes solutions économiques et sociales, les penseurs qui vont peut-être sauver l'humanité!

Où es-tu donc, peuple des montagnes, pour apprendre le simple bon sens au communisme « éclairé » des faubourgs?

Des solutions sociales? Mais y as-tu pensé, plèbe de Paris? Ces hommes que tu viens de nommer, sont-ils ceux de la « grande liquidation? » Mon Dieu! ne représentent-ils pas « l'infâme capital, » lui que tu regardes de travers, lui dont tu ne désespères pas de faire bientôt décréter l'abolition, en bonne et due forme révolutionnaire, par les amis eux-mêmes des Mottu, des Bonvalet et des Clémenceau? Quoi! tourbe abusée, ces hommes représentent non seulement le capital, mais la rente, le salaire, « l'exploitation des travailleurs, » « l'asservissement » du prolétariat; et tu votes pour eux? Oui, tu votes pour eux résolûment, et tu n'hésites pas. Tu votes pour ces hommes en te disant que, quelque jour prochain, tu mettras sous la gueule de tes fusils humanitaires ces « vampires du capital. » Tu votes pour eux, parce que, s'ils représentent le capital, ils représentent aussi la haine, la haine qui aura raison du capital autant que du bon Dieu, dont Mottu et Bonvalet t'ont appris à faire dérision. A tes yeux, ils personnifient la haine ; et pour le moment cela te suffit.

Eh bien ! dans la logique du crime, plèbe, tu as raison.

La sauvagerie scélérate , frémissante, saturée de haine, Législateurs, elle est là à vos portes. Ne l'oubliez jamais. Savoir cela, ne point l'oublier, c'est, dans cette heure sombre, le mot de la sagesse politique.

III

Un troisième de ces élus de la populace , c'est Cantagrel.

Cantagrel a une réputation anarchique des plus anciennes et des mieux fondées. Il est de ceux qui , comme les Miot, les Gambon, les Raspail, les Félix Pyat et tant d'autres, ont perpétué la tradition du violent radicalisme ; de ceux qui, entre la *Montagne* de 1849 et la démagogie de 1870, ont rétabli la solution de continuité.

Trop peu apprécié dès 1869 par la jeune école subversive, à cause de ses vieilleries phalanstériennes qui n'étaient point assez dans le sens du moderne positivisme, il a tout fait pour se faire juger à sa valeur et se faire pardonner sa démocratie à la Fourier. Il a bien mérité de la destruction. Et son audace de socialiste énergumène, les invectives qu'il a trouvées, dans son journal l'*Union démocratique*, à l'adresse de l'Assemblée nationale, le Pouvoir légal ; les paroles d'encouragement, d'adhésion chaleureuse qu'il y a eues en faveur du mouvement parisien ; les doctrines « avancées » qu'il a émises chaque jour et qui ont été au niveau de celles des feuilles les plus incendiaires, telles que les *Droits de l'Homme*, tout cela est loin d'avoir diminué sa réputation, un moment trop effacée ; cela l'a désigné directement au choix des faubourgs de Paris.

Un quatrième de ces élus de la plèbe, c'est Allain-Targé.

Sait-il, le peuple des faubourgs, qu'Allain-Targé a été l'un des plus violents proconsuls que l'on ait vu se démener sous la Délégation ? Sait-il qu'il a été un de ces despotes de préfecture, osant dire à ses subordonnés de s'appuyer sur les bonapartistes les plus compromis, sur les plus ravalés plébiscitaires, afin d'étouffer l'esprit « clérical ? » Sait-il qu'Allain-Targé a indigné les départements où il a déployé son patriotisme révolutionnaire, son zèle tyrannique et ses épileptiques fureurs ?

Si ce peuple l'ignore, qu'il aille le demander dans Maine-et-Loire et dans la Gironde. On lui donnera des nouvelles de ce proconsul.

Sait-il ce qu'ont affirmé et les feuilles publiques et les initiés des menées politiques de Bordeaux : qu'à la fin de janvier, avec Ranc, alors chef souverain de *la sûreté*, il a comploté à Bordeaux pour englober M. Thiers et 32 autres suspects dans un coup de filet révolutionnaire, et que la tentative complète et la réussite de ce coup d'État, qui eût fait le digne pendant de celui de Décembre, ont tenu à bien peu ?

Il n'a point su peut-être tout cela, le peuple des faubourgs ; et s'il l'avait su, c'eût été tout autant de titres nouveaux, ceux de la violence et de l'audace contre le droit et la liberté. Il a su seulement qu'Allain-Targé est un fanatique de dictature révolutionnaire. S'il eût connu le reste, au lieu de l'élire dans un seul quartier, c'est dans trois qu'il l'eût fait triompher.

Un cinquième de ces favoris des faubourgs, c'est Ranc, atteint lui aussi de prêtrophobie rageuse, avec peu d'intermittence dans les accès.

Ranc est pertinemment connu de la populace enfiévrée des faubourg. Elle sait qu'il a été de la *Commune* ; qu'il en a partagé les premières gloires et les premiers coups de main audacieux ; qu'il a délibéré, agi, voté avec elle jusqu'au 6 avril ; et qu'en s'en retirant, pour sortir de ce milieu d'incapacités, il a bien déclaré qu'il restait « soldat de la Commune. » Ce sont des titres d'honneur, ce sont des services ceux-là ! Quand on a fait partie d'un tel groupe, on peut être partout acclamé par la Révolution !

Et avec ceux-là, il en est plusieurs autres qui, grâce au fanatisme démagogique, viennent de l'emporter au dernier scrutin : un Clémenceau, jeune infatué de la brutalité démocratique, de l'athéisme sans idée et du matérialisme intolérant ; un Lockroy, un Loiseau-Pinson, imprudents agitateurs, flatteurs des vils instincts populaires, hommes de ceux qui engouffrent les peuples dans les révolutions et les démocraties dans les bouleversements de l'iniquité.

De pareils triomphes, que sont-ils, si ce n'est le défi jeté à l'ordre social ?

IV.

Certes, nous le savons, ces prépondérances populacières sont, avant tout, le fait de l'abstention des trop « paisibles » citoyens. Elles sont le résultat de ces apathies malheureuses qui font négliger de remplir un rigoureux devoir civique, qui font que l'on préfère son sans-gêne égoïste à l'accomplissement de ce devoir. C'est ici, comme trop souvent, le cas de dire que les conservateurs ne conservent rien, et que, par leur insouciance de la chose publique, ils vont eux-mêmes au-devant du péril social. La loi aura à prendre des mesures contre ce déplorable absentéisme.

Mais la négligence de plusieurs ne fait que mieux montrer le nombre des dangereux fanatismes qui se sont posés en adversaires des principes mêmes des sociétés.

Devant ces hostilités haineuses, le devoir du législateur n'est-il pas tout tracé? Ne doit-on pas promptement chercher et trouver un moyen de défense qui, sans être trop rigoureux, prémunisse contre ces menées, contre cette obstination de sectaires qui ont juré de ne point pardonner à notre monde social?

N'y a-t-il pas à édicter une loi de bannissement et à l'appliquer à tous ces hommes qui ont trempé notoirement dans les faits de la Commune, sans avoir été coupables de ses plus criminels attentats, et qui, tout en ayant joué là un rôle subalterne, partagent la plupart, avec leurs chefs, les mêmes haines anti-sociales?

Assurément, il y a lieu de prendre urgemment cette mesure. Ce sera sauvegarder, sans excès de rigueur, les droits sacrés de la patrie. Et ce ne sera que justice, que des hommes dont le cœur, plein d'orgueil, est en révolte permanente contre les principes fondamentaux et les lois de notre société, aillent déchaîner, où ils voudront et comme ils l'entendront, leurs impiétés liberticides, leurs folies écœurantes et leurs sauvages fureurs.

Ils pourront là, sans compromission pour la France, appeler à eux et nommer dans leurs conseils, les Mottu et les Cantagrel, les Clémenceau et les Allain-Targé.

Gouvernement, veillez. L'impiété, l'audace, le pétrole sont loin d'avoir dit leur dernier mot. Aujourd'hui, la vengeance des séides de la dévastation, c'est un vote silencieux mais gros de menaces. Demain, — ils l'espèrent, ces hommes, — ce sera l'insurrection, le fer et l'incendie.

Gouvernement, législateurs, veillez. La liberté républicaine peut disparaître, avec ces hommes, dans la tyrannie des plus sombres jours. Et toi, peuple de France, ne t'endors pas, veille aussi!

Juillet 1871.

NOTE

Il y a une loi de l'Enseignement du 15 mars 1850. Cette loi n'est point abrogée; tant qu'elle ne l'est point, elle est la loi. Un maire, quel qu'il soit, qu'il s'appelle M. Mottu, M. Hénon ou M. Bonvalet, ne peut impunément l'enfreindre.

Cette loi porte :

ART. 23. — L'instruction primaire comprend *l'instruction morale et religieuse*, la lecture, l'écriture, etc.

ART. 44. — *Les autorités locales préposées à la surveillance et à la direction morale de l'Enseignement sont : le maire, le curé, le pasteur* ou le délégué du culte israélite, etc.

C'est cette loi qui a été enfreinte ouvertement pendant dix mois par la *Commune* de Lyon, sans que M. Jules Simon, ministre de l'instruction publique, s'en soit douté avant le 14 août 1871.

C'est de cette loi qu'ont fait litière MM. Mottu, Bonvalet et Clémenceau, à Paris, dans leurs mairies d'arrondissement.

C'est de leur scandaleuse violation de cette loi qu'ils doivent être responsables, si la loi du pays n'est pas encore pour nous un vain mot, si l'orgie révolutionnaire n'a encore pour elle, parmi nous, ni le droit légal, ni la connivence du Pouvoir, ni la flagrante impunité.

Le respect de la loi, c'est ce dont la justice doit rigoureusement demander compte à ce libertinage politique dont le *républicanisme* est de l'arbitraire, dont la *démocratie* est de l'effronterie dictatoriale, dont le *libéralisme* est simplement de la violence et de la sédition.

Comme dernier acte de cette violation de la loi, on vient de voir à Lyon les saturnales de l'athéisme scolaire, décemment appelées *Fête des Ecoles*.

Il y a longtemps que Tartufe a changé de parti. Il s'est fait tyranneau et libre-penseur.

Typ. Oberthur & Fils, a Rennes.

—

Maison à Paris, rue des Blancs-Manteaux, 35.